Buchmarkt

Mitwirkende Autoren: Bindernagelsche Buchhandlung, Friedberg
Buck, Klaus-Michael, Rowohlt Verlag, Hamburg
Bürgin, Gottfried, Freihofer AG, Wissenschaftliche Buchhandlungen, Zürich
Elze, Günter, C. H. Beck, München
Gericke, A., Buchhandlung, Bad Harzburg
Grünberg, Dietmar, Deutscher Bücherbund, Stuttgart
Hildebrandt, Rüdiger, Droemer Knaur, München
Kehrein, Peter, Bücher Kehrein, Neuwied
Lenz, Werner, Bertelsmann Lexikothek Verlag, Gütersloh
Luthardt, Christian, Buchhandlung Arthur Jackmann, Herford
Mackensen, Klaus von, Buchhandlung Klaus von Mackensen, Wuppertal
Pietrowsky, Jochen, Bayreuth
Pracht, Jens Peter, Georg Olms Verlag, Hildesheim
Rob, Dr. Walter, Buchhandlung A. Hartleben, Wien
Roszinsky-Terjung, Arnd, BuchMarkt, Düsseldorf
Scholz, Horst Egon, Bad Vilbel
Schütze, Manhard, Frankfurt/Höchst
Stieger, Hans Werner, München
Wenz, Erich, Buchhandlung Erich Wenz, Köln
Wiedey, Uta, Karlsruhe

Printed in Italy
ISBN 3-920954-71-8

Buchmarkt

Ein Wörterbuch für Verleger, Autoren, Vertreter, Buchhändler, Kritiker, Bibliophile und alle anderen Büchernarren

Herausgegeben von Beate Pannes,
Redaktion BuchMarkt, Düsseldorf
Mit Zeichnungen von Manfred Limmroth

TOMUS VERLAG • MÜNCHEN

Absatz:
„Manche Leute wären glücklich, wenn sie soviel Bücher hätten ...“

A

Absatz

Worauf der Buchhandel steht und was ihn zu Fall bringen kann. Sollten sich beim Absatz zunehmend Probleme einstellen, wird der Gang zum Experten in die Schusterwerkstatt empfohlen. Hausgemachte Absatzprobleme lassen sich jedoch aller Erfahrung nach intern regeln.

Ansichtsbestellung

Früher häufig geäußerter Wunsch des Kunden (siehe dort!). Ist im heutigen Sparzeitalter in Vergessenheit geraten und gilt deshalb als Fremdwort (siehe dort!) mit obszönem Beigeschmack.

Antiquariat

1. Quartier fossiler Druckerzeugnisse mit Vorbehaltscharakter (Anti!)
2. Tauschzentrale benutzter Bücher
3. Antiquierter Vorläufer des Modernen Antiquariats (siehe dort!), das sich den Umgang des Wiederverkaufs spart und direkt in den Ramsch (siehe dort!) geht.
4. Eine Werkstatt, in der Germanistik-Studenten Buchstaub in Gold verwandeln.

Alltag

1. Sortiment: Auspacken, einräumen, rausholen, einpacken, auspacken, einräumen, rausholen, einpacken …

Auflage:
„An sich ist unser neuer Roman ein herrlicher, typischer Bestseller. Nur: Er geht und geht nicht ..."

2. Verlag: Lesen, verlegen, suchen, finden, lesen, verlegen, suchen, finden …

ARDEG

1. Kürzel für „**A**lle **R**ennen, **D**och **E**iner **G**ewinnt“
2. Abkürzung für **A**rbeitsgemeinschaft **R**abatt **D**ruck **E**rzeugender **G**roßbuchhändler

---

Audiovisuelle Medien

Audia und Videa, die prallbusigen Medien des kleinen Mannes, bilden das erdverhaftete Gegengewicht zu den elitären neun Musen der Antike.

Audiovisuelle Medien

Hier gleich der erste Druckfehler! Es soll heißen: Autovisuelle Medien und meint: Autoradio.

Auflage

1. Welche machen und welche sagen wir? Beliebtes Branchen-Quiz, welches mancherorts profimäßig betrieben wird (siehe „Bestsellerliste“!).
2. Unverzichtbares Beiwerk aus dem Nahrungsmittelbereich, das immer dann gebraucht wird, wenn mehr als zwei Buchhändler zusammenkommen (siehe „Erstauflage“ und „Restauflage“!).
3. Hinweise, daß sich größere Bestellungen über längere Zeit mühelos lagern lassen.

Auszeichnungspflicht

1. Paragraph 1 des Gesetzes zur Ausübung gesellschaftsrelevanten Verhaltens einer Preisträger-Jury.
2. Aufgabe für Bundes- und Vereinspräsidenten, für langjährige Steuer- und Beitragszahler.

Autor
1. Wort der Fußballsprache, bedeutet Eigentor.
2. Eigentlich: Tor. Die Vorsilbe „Au" hat sich später hinzugesellt, um zunehmende Empfindlichkeit zu signalisieren.

AWS
Alle **w**ollen **S**immel

Azubi
Zumeist von Böll und Engelmann linkslastig geschädigte Einsteiger im Buchhandel, die manchmal auch nach drei Jahren hektischen Routierens mit Lagerumschlagsgeschwindigkeiten (siehe dort!) sich davon nicht abbringen lassen, daß Bücher mit Lesen und Muße zu tun haben. Abk. v. Azubi = Abi.

B

Backlist
1. Scheinheiliger Trick, hinter dem Rücken des anderen ausgeführt.
2. Gesponserte Bewegung im Verlags- und Sortimentsbuchhandel, die den öffentlichen Aushang von Bestsellerlisten (siehe dort!)-Plakaten zur Pflicht machen möchte (aus dem Vulgär-Englischen: Zurück zur Liste).
3. Das Gesamtwerk von Dr. Oetker.

BAG
Kürzel für: **B**eruht **A**uf **G**egenseitigkeit. Zentrale Abrechnungsstelle des Buchhandels, die seit der Spendenaffäre mehr und mehr in den Blickpunkt

Azubi:
„Der ist ja auch schon im dritten Lehrjahr.“

Belletristik:
„Es gibt heutzutage einfach nichts, das nicht gedruckt wird.“

der Öffentlichkeit gerät. Manche fragen sich auch, wer hier mit wem abrechnet.

Barsortiment

1. Flachmann-Filiale, die aufgrund ihrer Konzession für den Nachtausschank die Preise mörderisch hochtreibt und zu den Spitzenverdienern der Branche zählt.
2. Alle Sorten von Publikationen über den Wein, Drinks und sonstige Alkoholika.

Belletristik

1. Allegorischer Begriff für das Unverkäufliche oder: Die tragische Geschichte vom traurigen Hund. Letzteres wird alljährlich in Frankfurt (siehe dort!) vor ausverkauftem Haus aufgeführt.
2. Lautstarke Ankündigung eines leisen Inhalts.

Bestellverfahren

Legitimation gegenüber dem Ladenkunden, wenn das falsche Buch geliefert wird.

Bestenliste

Verzeichnis der Buchhandlungen und Verlage, die eine Neujahrsspende an das Sozialwerk des Deutschen Buchhandels leisten: wird einmal jährlich im Börsenblatt veröffentlicht.

Bestsellerliste

Ist nirgendwo per definitionem fixiert, weshalb kaum jemand weiß, worüber er redet, wenn er darüber spricht. Einem Branchen-Ondit zufolge existiert im finsteren Ruhrgebiet ein hochtalentier-

	tes Medium, welches in mentaler Verbindung mit einem repräsentativen Teil des bundesdeutschen Sortiments steht und so beliebig abrufbar innerhalb einer Stunde die aktuelle Seller-Rangfolge aufsagen kann.
Bibliographie	Katalog, in dem die verschiedenen Bibeln nach Seitenzahl geordnet verzeichnet sind.
Bibliographieren	Geheimnisvolle Odyssee durch Kataloge, Spezialkataloge mit der Ungewißheit des Auffindens; oder auch: vom Kundenwunsch getrieben, in die Hölle der Titel, Autoren, Herausgeber gehen.
Bibliotheken	Früher fest am Ort etablierte Einrichtung zur Ausleihe von Büchern. Heute zwischen den Ballungszentren pendelndes Kurzverleihunternehmen („Interrentabook").
Bildplatte	Schlagzeile in einer bekannten Boulevard-Zeitung.
Bildschirmtext	Vorwärtsstrategie zur Rückgewinnung blätternder Leser.
Blindband	1. Buch in Brailleschrift. 2. Leseexemplare (siehe dort!), speziell im Rezensionsversand eingesetzt. 3. Circa 400 bis 1200 Gramm Papier, aus denen versehentlich Bücher gemacht werden.

Bestsellerliste:
„Du mußt sofort anfangen zu schreiben, dein Buch steht schon drauf!“

Buch und Fernsehen:

„Und im nächsten Magazin stelle ich weitere Wörterbücher von TOMUS vor, die farblich besonders gut zu meiner neuen grünseidenen Bluse passen."

Börsenblatt

1. Falsch verstandene Titelüberschrift, die ursprünglich Wall-Street-Journal lauten sollte, eines Leipziger (Allerlei) Fossils. Merke: Beziehen und Lesen sind zwei Dinge.
2. Laub, mit dem die Blöße Merkurs verdeckt wird.

Börsenverein

1. Ansammlung von Geldsäcken.
2. Vereinigung uneiniger Unternehmer, deren Aktien an der Börse nicht zugelassen sind.

Buch

Das, was Sie in der Hand halten.

Buch Aktuell

Zeitschrift mit der informativsten, beratungsunaufwendigsten Art. Reduziert das Verkaufsgespräch auf seine rein rationellen Funktionen wie Einpacken und Kassieren.

Buchclub

1. Exclusive Vereinigung, zu der nur Bücher Zutritt haben, die sich entsprechend qualifiziert haben und mindestens drei Wochen Bestsellerliste (siehe dort!) nachweisen können.
2. Sammelbecken für Büchernarren, die sich ihrem Motto „Der Trend geht zum Zweitbuch“ verpflichtet fühlen.

Buchhändlertage

Allgemein: Das Gegenteil von Buchhändlernächten, die sich aus verschiedenen Gründen einer präzisen Definition entziehen. Spez.:

Buchkäufer:
„Wir haben die Preise heraufsetzen müssen, weil die Preise für die Preisschilder heraufgesetzt worden sind.“

1. Jährlich stattfindender Jahrmarkt von Buchhändlern (überwiegend ♂, weniger ♀). Neuerdings in vagabundierender Form, um zu ermitteln, welche Landesregierung das dickste Buffet (siehe Erstauflage und Restauflage!) am Festabend des Ministerpräsidenten stiftet.
2. Schauplatz von Branchenturnieren mit den Disziplinen Hauptgruppen- und Fachgruppenversammlung. Nach stundenlangen Schaukämpfen sind alle Mitglieder so abgestumpft, daß ein neuer Börsenvereins-Haushalt widerspruchslos akzeptiert wird.
3. Ungenaue Bezeichnung für Buchhändlerinnen-Tage, die zwar gesundheitlich unbedenklich sind, jedoch bei gewissen Veranstaltungen (siehe 1.!) hinderlich sein können.
4. Das Erwachen zwischen schlaflosen Nächten.

Buchkäufer Kleptomane, der keine Freunde mehr hat, bei denen er sich welche leihen kann.

Buchkunst Fähigkeit eines Wissenschaftlers, aus einem Aufsatz gleich ein ganzes Buch zu machen.

Buchlaufkarte Sportliche Variante der Buchfahrkarte.

Buchmarkt

1. Monatlich erscheinender Marktplatz für Bücher und deren Abfallprodukte.
2. Ethymologisch zurückgehend auf „Buche“ (wie

-ecker, -fink, -weizen), ehemalig verbreitetes Baumgewächs vor der Zeit des großen Waldsterbens in Mitteleuropa. Es war Sache der -macher und -binder, für Aufzucht und Pflege der Buchen zu sorgen, Aufgabe der -halter, Vorrat gefällten Buchenholzes zu halten und damit die -händler (weiblich: -se) zu versorgen, welche für den Verkauf auf dem -markt zuständig waren. Die auf dem -markt Tätigen bezeichnen einander analog zu den Hartholz-Eigenschaften der Buche noch heute gern als „Holzköpfe", was vor vielen Jahren gar zur Ausbildung eines Branchenmagazins -markt geführt hat.

Bücherscheck Internationales Zahlungsmittel im Wirtschaftszweig Buchhandel, das sich jedoch bislang nur wenig durchgesetzt hat. Hier scheint ein Gerücht die Ursache: Bücherschecks der ersten Jahre (bzw. Erstdrucke) sollen im 3. Jahrtausend einen überdimensionalen Wertzuwachs erfahren. Derzeitiger Kurs: 1 Goethe = 2 Hesse = 4 Grass. Laufende Kurse sind dem Börsenblatt (siehe dort!) zu entnehmen.

C

Checklist 1. Trick (siehe „Backlist"!), jemandem unbemerkt seinen Bücherscheck (siehe dort!) zu entwenden.

Buchmarkt
Angenehm fußwarm
GRASS
21 x 6o cm
GRASS
48o Blatt stark, reiches Ornament
Etwas in Pink oder Beige...
BÖLL
Nummer Fünf: bitte wieder in die Teppich-Abteilung!

Comics

2. Hintersinnige Taktik der Fachpresse (siehe dort!), um im Praxisteil Seiten zu schinden.

Chronik

Namen (siehe Titelschutz), den jetzt viele haben möchten und einer gern allein hätte.

Comics

Die vollständige Bezeichnung „comic strips“ heißt zu deutsch übersetzt „drollige Streifen“ und bezieht sich auf die Streifen der US-Flagge, weshalb auch der deutsche Buchhandel immer noch wenig damit anfangen kann.

Copyright

In jedem Buch vermerkte ausdrückliche Genehmigung zum Fotokopieren.

Cover

Stammt aus dem Französischen von couvrir = bedecken. Auf dem Cover selbst spielt sich allerdings meist das Gegenteil ab.

D

Deutsche Lesegesellschaft

1. Gesellschaft von Ab-und-zu-Lesern, die vorwiegend in Kommission damit beschäftigt sind, anderen (sogenannten Nichtlesern, siehe dort!) das Lesen schmackhaft zu machen, damit ihre Gesellschafter mehr Bücher verkaufen können.
2. Festliche Abendveranstaltung nach Abschluß der Weinlese, zu der nur deutschsprachige und -stämmige Leser zugelassen sind.

3. Beim Kauf von fünf verschiedenen Büchern auf einen Schlag werden Sie gar automatisch Mitglied, wenn Sie vorher eine eidesstattliche Erklärung unterschrieben haben, daß Sie dem Konsum von Radio- und TV-Genüssen nunmehr gänzlich entsagen.

Display Anweisung eines Komponisten, in welcher Tonart sein Werk wirkungsvoll zur Geltung zu kommen hat.

Diversifikation

1. Aktuelle Trendmode, die unter der Abkürzung IMA („Ich Mach' Alles") im Buchhandel Furore macht. Aufkleber mit dieser Bezeichnung sind seit kurzem über Computer- und Videounternehmen zu beziehen.
2. Die Möglichkeit, getrennt zu marschieren und vereint pleite zu machen.

Druck Wird im Buchhandel auch nicht anders als in der restlichen Gesellschaft erzeugt: Immer von oben nach unten.

Durchlaufgeschäft

1. Diarrhö
2. Erhöhung der Lagerumlaufgeschwindigkeit (siehe dort!) im Buchhandel.

Durchschuß

1. Literatur aus der amerikanischen Pionierzeit, die früher unter der Bezeichnung „Western"

Diversifikation:
„Wenn Sie erlauben, zeige ich nach Ihrem Gedicht ‚Hunger' kurz dieses Schildchen herum."

überwiegend in Heftchenform (siehe „Groschenhefte“!) an den lesenden Cowboy gebracht wurde.

2. Spezieller buchhändlerischer Ersatzterminus für den allgemein in der Umgangssprache benutzten Ausdruck „Schuß in den Ofen“.
3. Zeitliche Einheit für die maximale Aufenthaltsdauer eines Kunden in der Buchhandlung.

E

EDV Kurzform (**E**iner **D**urchblickt **V**ieles) für den elektrischen Alltagsbegleiter. Resümee eines mit Erfahrungen aus diesem Bereich gesegneten Buchhändlers: Wie ruiniere ich mein Unternehmen?

1. Am leichtesten im Spielkasino
2. Am schönsten mit Frauen
3. Am sichersten mit einer EDV

Einband

1. Ob Latex oder Leinen, jedes Buch (siehe dort!) hat einen.
2. Auflage im Selbstverlag

Einschweißen

1. Umgangssprachlich für „Arbeiten mit dem Transpirier-Effekt“; die Mitarbeiter werden vom Chef so gescheucht, daß sie förmlich triefen vor Schweiß.

EDV-Frauen:
„Es sind die geistigen Werte, die uns verbinden ...“

2. Fachausdruck der Verkaufstechnik, wenn es gelingt, einem Elektriker Jüngers „Strahlungen“ als Fachbuch zu verkaufen.
3. So kauft der Kunde die Katze im Sack.

Einstweilige Verfügung

1. Publizitätsträchtige Abwehrmaßnahme, wenn man weiß, daß der Kontrahent im Recht, aber ohne Presseabteilung ist.
2. Sehr wirksame und kostenlose Werbung, nach der jeder Verleger (siehe dort!) sich die Finger leckt. Das Olympische Komitee erwägt für 1988, das EV-Sammeln als sportliche Disziplin zuzulassen.
3. Gemäß Sonrad Florenz, Verhaltensforscher in der Grauzone der Justiz, Drohgebärde zur Einschüchterung der Kontrahenten.

ERFA-Gruppe

Regional angesiedelte Selbsthilfe-Therapiegruppen für Buchhändler, die immer von einem erfahrenen Psychologen geleitet werden; deshalb die Abkürzung ERFA = **E**iner **R**edet **F**ür **A**lle.

Erstauflage

1. Identisch mit Restauflage (siehe dort, siehe auch „Modernes Antiquariat“!)
2. Erster gefüllter Teller nach Freigabe des kalten Buffets durch den Ministerpräsidenten bei den Buchhändlertagen (siehe dort, siehe auch „Auflage“, „Restauflage“!)

Einband:

„Natürlich bedeutet es eine gewisse Umstellung für den Leser, aber dies ist nun einmal die kostengünstigste Stapel-Binde- und Versandform für das Buch der nächsten Jahre.

Fachbuch-Autor

Ex Libris

1. Stempel in entliehenen Büchern: „Aus den Augen, aus dem Sinn“ (sehr frei übersetzt aus dem Lateinischen).
2. Es ist aus mit den Büchern.
3. Aus anderen Büchern abgeschrieben.
4. Fachausdruck für ein Buch, das von Libri bezogen wurde. Entsprechende Latinisierungen beim Bezug von anderen Barsortimenten (z.B. KNOEx) haben sich noch nicht durchsetzen können.
5. Ehemalige Mitarbeiter von Libri.

F

Fachbuch

Das meistquittierte und somit meistverkaufte Buch im Handel. Erscheint aus unerklärlichen Gründen niemals auf der Bestsellerliste (siehe dort!), weshalb inzwischen gewisse Kreise von einem Fachbuch-Dreieck-Syndrom (abgeleitet von dem legendären Bermuda-Dreieck) sprechen.

Fachpresse

Bringt das Branchenleben in quaderförmiges Format und hat für alles und jeden ein Fach zur Ablage. Vorteil: Alles ist leicht zu stapeln.

Faksimile

„Macht es gleich!“ Ungeduldige Reaktion eines Verlegers, der sich von seinen Autoren nicht mehr länger hinhalten lassen will.

Folianten:
„Also gut: Ich verlege
auch diesen
– den siebenhundertachtundvierzigsten –
Katzen- Bildband.
Aber schaffen Sie
die Biester hier raus!“

Fleissner, H.

Schillernde Verleger-Persönlichkeit (siehe „Verlagskaufmann"!) mit Hang zum Einkauf en gros. Hat damit zur Ausprägung eines Branchen-Idioms beigetragen, das an eine historische Persönlichkeit aus der Politik erinnert: Haut den Herbert!

Folianten

1. Bücher, denen jegliches Format fehlt, und folglich in kein Verkaufsregal hineinpassen. Eignen sich nur für das Moderne Antiquariat (siehe dort!).
2. Bezeichnung für die gesamte Buchproduktion bis auf die Sonderform Taschenbuch, die als einzige nicht in Folie eingeschweißt geliefert wird. Der Erfinder dieses Frischhalteverfahrens wird in Sortimenterkreisen liebevoll Don Folio genannt. Zu seinem anstehenden Jubiläumsdatum wird ihm das Börsenblatt (siehe dort!) eine Sondernummer widmen.

Förderpreise

Lehnwort aus der Bergmannssprache – bedeutet sowohl die Förderung von Kohlen wie Pechblende.

Fotokopieren

1. Nach dem Kopieren alter Gemälde kommt heute mehr und mehr das Kopieren von Fotos in Mode. Besonders begabt ist hier ein Künstler namens Rank Xerox, der mit seiner Gefährtin Agfa Gevaert hierin bereits eine originalgetreue Perfektion erreicht hat.

Fotokopieren:

„Bevor die Uni den Kopierautomaten anschaffte, war er wissenschaftlicher Verleger."

2. Großzügige Auslegung im freien Marktgeschäft (siehe „Copyright"!), die besonders unter Studenten so beliebt geworden ist, daß sukzessive an allen Universitäten Fotokopierer-Lehrstühle eingerichtet werden.

Freier Preis

1. Leckerbissen für Mathematikprofilneurotiker der Buchhandelsgattung. Manche mögen ihn, manche mögen ihn nicht, und wahrscheinlich würde er keinem bekommen.
2. Geldbetrag für die Dame, die sich einen Freier leistet.
3. siehe Strichcode!

Friedenspreis

Arbeitstitel einer derzeit in Kooperation zwischen Börsenverein und Bundeswirtschaftsministerium begonnenen Studie über die Kosten des Friedens mit dem Untertitel: „Ist der Friede wirtschaftlich überhaupt noch tragbar?" Darin eingeplant ist ein Streitgespräch zwischen Franz Alt und Wirtschaftsminister Bangemann. Die Taschenbuchrechte dafür sind schon vergeben.

Fünfer Club

1. Elitärer Kreis von Sitzenbleibern.
2. Clubreisen für Jugendliche und Junggebliebene mit wechselndem Gruppenleiter. Achtung: Unterbringung erfolgt nur in Zimmern mit ungerader Bettenzahl.

Frankfurt Offizieller bundesdeutscher Wallfahrtsort des Buches, wo der Börsenverein (siehe dort!) am Hirschgraben stolz sein Geweih emporreckt, und wo jedes Jahr das buchhändlerische Erntedankfest (genannt Buchmesse, siehe dort!) mit einem Tanz um die Goldenen Umsätze gefeiert wird.

Fremdwörter Von Fremden ausgesprochene Wörter. Eine Situation, die selbst jeder Pauschaltourist schon einmal während seiner Reise erlebt hat und die in den meisten Fällen ausgesprochen lästig ist. Wer sich darauf gezielt vorbereiten möchte, sollte immer einen kleinen Fremdenführer in seiner Tasche dabei haben.

G

Geburtstagsbücher Ein neuerlicher, schwerwiegender Fall von Behördenverlegerei! Seit kurzem erhalten alle Neugeborenen statt eines Geburtsscheines ein Geburtstagsbuch, das (durchgehend vierfarbig) sie in allen Lebenssituationen begleiten wird.

Gebundener Preis Fest am Buch befestigte Preisetikette, die jedoch manchmal aufgrund der verschiedenen Klebe- oder Anheftverfahren ins Rutschen gerät. Manche Verleger, die Anhänger der ganz freien Marktwirt-

Geburtstagsbücher:
Das Geburtstagsgeschenk

Ghostwriter

schaft sind, nehmen es auch mit der Etikette nicht ganz so genau.

Gemeinschafts-werbung

Neues Zauberwort im Buchhandel. Es kann zwischen zwei Ausprägungen unterschieden werden:

1. Gemeinsam für Bücher zu werben (ein schwieriges, in der Praxis kaum zu realisierendes Unterfangen, da jeder Beteiligte davon überzeugt ist, daß sich grundsätzlich nur seine Bücher zum Verkauf eignen).
2. Werbung für eine Gemeinschaft (der eigentliche Sinn eines derartigen Zusammenschlusses – die in die Werbegemeinschaft Eingebundenen sind froh, daß sie dabei sind, diejenigen, die draußen stehen, sind neidisch, und die Werbeagentur verdient auf jeden Fall).

Ghostwriter

1. Sensitiver, der in Trance nach dem Diktat außerirdischer Wesenheiten schreibt.
2. Profilierungsbeamter eines Dienstherrn
3. Wortfriseur für Sprachglatzen
4. Verfasser von Gespenstergeschichten und ähnlich mystischen Angelegenheiten. Die im Zuge der hochschwappenden Fantasy-Welle ebenfalls aufblühende Zunft der Ghostwriter wird sich auf den Buchhändlertagen 1985 als AGG (Arbeitsgemeinschaft Ghostwriter) erstmals öffentlich präsentieren.

Groschenhefte Lassen sich meist mühelos in eine schnelle Mark verwandeln. Als erster Leser dieser Subkulturgattung ging Ludwig van Beethoven in die Geschichte ein mit seinem Opus „Die Wut über den verlorenen Groschen".

Großantiquariat Auf Bücherrecycling spezialisiertes Unternehmen.

Günther

1. Männlicher Vorname.
2. Pseudonym von Heinz G. Konsalik (siehe dort!).

H

Handelsspanne Das bestgehütete Geheimnis und gleichzeitig die unverständlichste Größe der Branche. Lediglich der größte Spanner ist dem „Buch der Rekorde" zu entnehmen.

Hardcover Vorsicht, Pornographie (siehe dort!)! Muß deshalb eingeschweißt (siehe dort!) werden!

Hochglanz

1. Aus der Schuhputzmittelwerbung entlehnter Begriff, der für jede Bildband-Produktion ein absolutes Muß ist. Aus dieser begrifflichen Verzahnung könnte sich allerdings für den Konsumenten die Gefahr der Verwechslung ergeben.

Hardcover:
„Eine Art Buch ist es schon, Vadderl:
aber ich kann's noch net aufklappen tun."

How to do-Bücher:
„Wenn ich bei Ihren Biologiebuch-Zeichnungen auf ein Stundenhonorar von Zweimarkfuffzig komme, dann kann ich davon nicht noch nach Afrika und Detailstudien vor dem lebenden Original machen, Herr Verleger."

2. Sich auf den Gesichtern aller Autoren und Verlagsleute einstellender Effekt, wenn während der Buchmesse Fernsehkameras zu laufen beginnen.

Honorar

1. Almosen für Autoren
2. Heimarbeiterentlohnung
3. Geringfügiger Rest der Buchherstellungsnebenkosten

How-to-do-Bücher

Norddeutsche Variante des Spruchs: „Haut den Lukas". Diese Titel bieten in der Regel, ähnlich den Karatelehrbüchern, Anregungen für Angriff und Verteidigung.

I

Impressum

Charakterisiert in jedem Buch das Verhältnis des Autors zu seinem Verlag. Für den Autor hat es meist die Bedeutung: Ich bin gedruckt! Und für den Verlag bedeutet es generell: Ich bin erpreßbar!

Intellekt

Einst Basis der Buchproduktion. Heute benötigt die Verlagsführung nur einen IQ (Intelligenz-Quotienten), der sämtliche Bücher auf einen intellektuellen Nenner bringt.

ISBN

1. Der fälschungssichere Personalausweis, oder volkstümlicher ausgedrückt, die Erika Musterdes Buches.
2. Firmenkürzel: **I**nstant **S**uper **B**ertelsmann **N**umber
3. Standardisierte Kundenfrage: **I**ch **S**uche **B**uch **N**ummer …
4. **I**st **S**chön **B**ei **N**achfrage
5. International: **I S**hould **B**e **N**oticed

J

Japan

Kennst du das Land, wo die Druckmaschinen glüh'n? Das Bild von Sensibulo Presseda, dem Besitzer des größten Druckunternehmens in Tokio, hängt in manchen Verlagshäusern direkt unter dem Gründer-Ölbild.

Jugendbuch

Bibliophile Rarität, die früher anstelle von Videorecordern und Heimcomputern in zahlreichen Haushalten anzutreffen war (siehe „Kinderbuch"!).

Jugendgefährdende Schriften

Bücher, die die Jugend rauben wollen (hat aber nichts mit Raubdruck zu tun). Der heute zeitgemäße Ausdruck heißt „Jugendgefährdende Technik und Elektronik".

Japan:

„Das ist doch noch nicht soweit mit der japanischen Herausforderung."

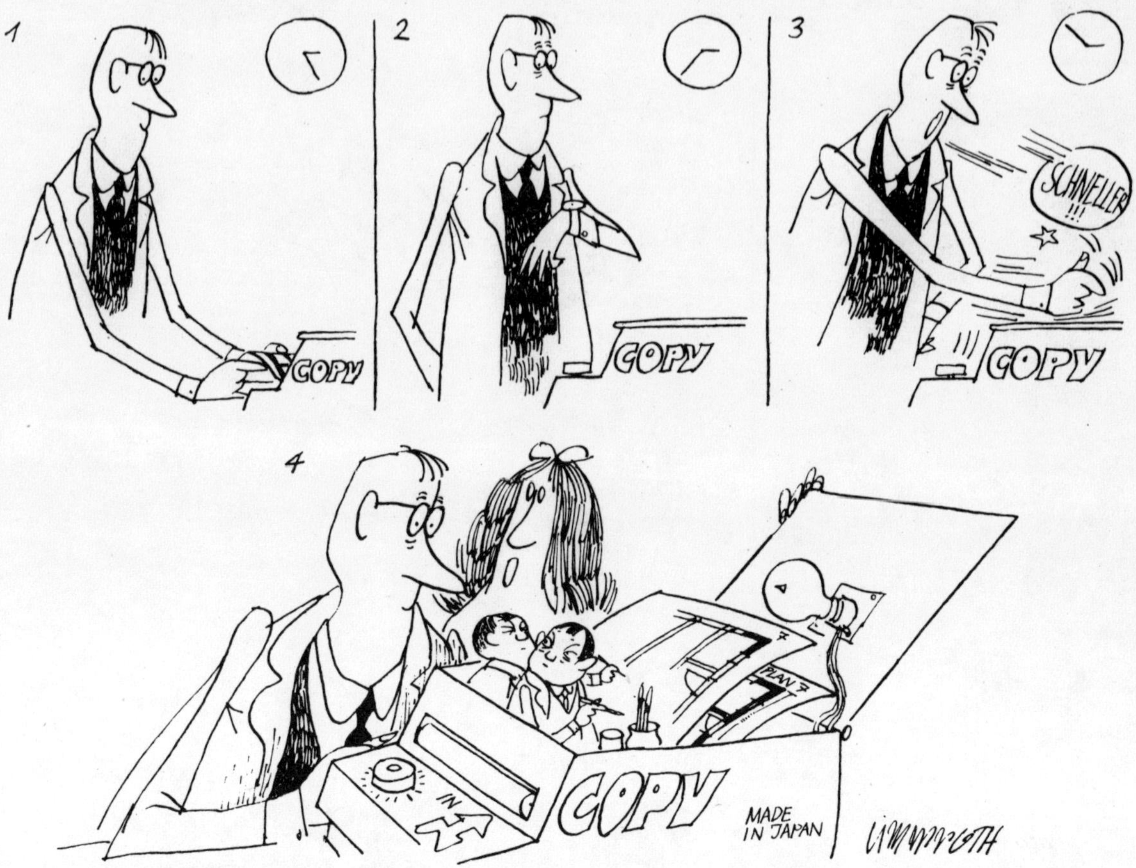

Klappentext

K

Kapitel	Häufig vorkommender Satzfehler, muß Kapital heißen.
Kassenzone	1. Die erogene Zone von Verlegern und Buchhändlern. Streicheleinheiten, an dieser Stelle plaziert, zeitigen besonders nachhaltige Wirkung. 2. Sperrbezirk im Sortiment. Hier geht's nur heiß her.
Kinderbuch	1. Bibliophile Rarität (siehe „Jugendbuch"!) 2. Erziehungsdruckmittel (siehe „Druck"!), das aber nur mehr in einem geringen Teil von Akademiker-Haushalten angewandt wird.
Klappentext	1. Idiomatische Literatur: der Begriff geht zurück auf Luther, der forderte, dem Volk auf die Klappe zu schauen. Klassisches Beispiel: Goethe, Faust I („... Mir ist so kannibalisch wohl als wie 500 Säuen ...). Gerhard Hauptmann schreibt viele seiner Werke im Klappentext.
	2. Man unterscheidet zwischen kleinem und großem Klappentext. Texte mit kleiner Klappe verlocken den Leser, solche mit großer dagegen verbocken ihn.

Konsalik, H. G.

Und so denke ich, in der stillen Abgeschiedenheit dieser wunderbaren Natur endlich meinen 200. großen Roman ungestört niederschreiben zu können...

Konsalik, H. G. Schreibender Einzelkämpfer, der verzweifelt versucht, mit seinen Büchern die Verbreitung der Bibel zu übertrumpfen. Hat nach einer Allensbach-Umfrage bei der deutschen Bevölkerung alle Chancen dazu (siehe auch „Günther"!).

Kritiker

1. Kriegsgötter des gedruckten Wortes, die anders als andere Götter-Dynastien in einer strengen Hierarchiefolge leben. Allerdings wird jeder neue Kriegsschauplatz dazu genutzt, diese Hierarchie zu ändern.
2. Menschliches Entwicklungsstadium; über die Stationen Akademiker, Lektor (siehe dort!) beginnend und in wenigen Fällen (die überwiegend tragisch enden) sich zum Autor hin entwickelnd.

Kundenberatung

1. Kollegen-Runde, die sich nach Ladenschluß (siehe dort!) noch für ein halbes Stündchen in der Buchhandlung zusammenfindet, um über die Kunden zu beraten („Hattest du heute auch so einen komischen Kerl, der nicht wußte, was er wollte?" oder „Bei mir war heute alles vergriffen.")
2. Früherer Service im Sortimentsbuchhandel, der zu Recht zum Anachronismus geworden ist, da eh keiner mehr die steigende Flut der Buchnovitäten überblicken kann.

Kundengespräch Der Verkauf von Büchern, die keiner haben will, durch Vermittlung von Informationen, die keiner versteht, unter Zuhilfenahme von Argumenten, die den Buchpreis als das geringste Übel erscheinen lassen.

L

Ladenpreis Erkundigen Sie sich bei Ihrem örtlichen Buchhändler, wenn Sie die ganze Bude kaufen wollen.

Ladenschluß Räumliche Begrenzung, an die jede Buchhandlung irgendwann stößt. Manche Sortimenter versuchen dieses natürliche Phänomen zu überlisten, indem sie immer wieder Dependancen einrichten und somit die Filialisierungs-Philosophie der Kettenläden übernehmen.

Langer Samstag Tage, an denen kein Mensch einkauft und die deshalb vom Verkaufspersonal als besonders lang (weilig) empfunden werden. Um dem Wochenendeinkauf mehr Attraktivität zu verleihen, wird demnächst in einzelnen Testregionen der „Kurze Sonntag" eingeführt.

Lagerumschlagsgeschwindigkeit Rekordverdächtige Veranstaltung, in der die Lagerarbeiter zu Weihnachten darum wetteifern, wer am schnellsten sein Lager mit Geschenkpapier

Ladenpreis:

„Bei schärfster Kalkulation kommen wir also zu einem Ladenpreis zwischen 19,80 Mark und 98 Mark.“

Lektor:
„Unsere Verlagsexperten: Frau Raabe SACHBUCH, Frau Boll BILDBÄNDE, Fräulein Steinchen TASCHENBUCH, Herr Adler REMITTENDEN, Dr. Kirsch DAS ENGAGIERTE JUGENDBUCH.“

umschlagen kann. Um diesem Wettbewerb mehr Attraktivität zu verschaffen, wird bei den nächsten Veranstaltungen der Verpackungskünstler Christo eine Demonstration vorführen.

Lektor

1. Erfüllungshilfe omnipotenter Marketing-Direktoren, der mit hohen ethischen Erwartungen beginnt und in den Niederungen des Kommerz endet.
2. Narr vom Niederrhein
3. Siehe „Kritiker"!
4. Jede Person, die in einem Verlag ein Manuskript mit entsprechender Aufforderung ungelesen zu den anderen legt.

Leseexemplare

Bücher, die nicht verkauft, aber gelesen werden dürfen, die aber nicht gelesen, sondern verschenkt werden.

Lesering

1. Im Kreis gehende Leser, die immer wieder auf Bertelsmann stoßen.
2. Ehrenring der Mitglieder der Deutschen Lesegesellschaft (siehe dort!)
3. Tolkien-Fanclub
4. Ringförmige Konstruktion (meist Blech), die Analphabeten das Lesen von Büchern ermöglicht: der Ring gleitet über die Zeilen und setzt die Buchstaben in phonetische Signale um. Für unterwegs werden Kopfhörer mitgeliefert.

5. Zur Abteilung Wohnraum-Ausstattung gehörige Produktionsgruppe eines Verlages.

Lesestift

1. Geschlossene Anstalt meist betagter adeliger Damen, die sich mit Lesen die Zeit vertreiben.
2. Prähistorische Bezeichnung für einen Printmedien konsumierenden Azubi.
3. Wichtigster Bestandteil der Aktion „Mehr Basisdemokratie fürs Buch“. Bücher in verschiedener Qualität und Ausführung mit leeren Seiten werden mit einem Stift (in harmonischer Farbabstimmung) zusammen ausgeliefert, auf daß der Käufer sein Buch selber schreiben und dann lesen kann. So wird auch die Leserforschung (siehe dort!) eine neue Dimension gewinnen.

Leserforschung

1. Neue Form der Traumdeutung.
2. Schon wieder ein Druckfehler: muß Laserforschung heißen.

Lese- und Signierreise

Besondere Form des Autoren-Tourismus, dessen zunehmende Beliebtheit einige Reiseveranstalter zum Angebot von speziellen Pauschalreisen animiert haben, die unter der Bezeichnung „Liter-Tours“ und „Read & Fly“ laufen. Gegen letztere Namen hat jedoch der Verlag mit der Fliege protestiert.

Lesestift:
Ernstchen O. rezitiert Hermann Hesse

Literaturpflege

Lesewettbewerb

1. Traditioneller Wettkampf in Weinanbaugebieten. Wer seine Kiepe am schnellsten füllt, erhält die „Goldene Traube".
2. Jährliche Konkurrenz der Lesestifte (siehe dort!) mit zahlreichen Disziplinen. U.a. geht es darum, den Sieger im Stiftspils-Trinken zu ermitteln.

Le-sung

Kultusminister unter Mao Tse-Tung, der erstmals Seminare für taubstumme Buchhändler einführte.

Liquidität

1. Hochprozentige Flüssigkeit, die meist im Bürosafe des Geschäftsführers aufbewahrt wird. Dient der Bewirtung besonders guter Kunden.
2. Nebengebiet der Flüsseforschung.
3. Siehe „Barsortiment"!
4. Trinkfestigkeit auf einer Buchmesse.

Literatur

1. Was das ist, bestimmen allein die Kriegsgötter des Gedruckten (siehe „Kritiker"!)
2. Eine Folge von Buchstaben, die von Kritikern auseinandergenommen, zu neuer Sinndeutung montiert und als Buchinhalt ausgegeben wird.
3. Ein ohne Mitwirkung von Duden-Ingenieuren entstandenes Kunstwerk der Sprache.
4. Alles Gedruckte – mit Ausnahme von Steuerbescheiden.
5. Was im Deutschunterricht unserer Schulen nicht gelesen wird.

6. Was Verleger drucken, die sich um den literarischen Nachwuchs drücken.
7. Eine Ausrede für Kritiker, die ihre eigenen Bücher im Austausch besprechen.

Longseller

1. Buchhändler, der sich nicht an das Ladenschlußgesetz hält.
2. Sortimenter, die a) schon sehr lange im gleichen Laden Bücher verkaufen; oder b) schon sehr lange brauchen, bis sie ein Buch verkauft haben.
3. Nonsenswort und Verballhornung von „Sail along“
4. Werbewort für Absatzstau

Lyrik

1. Selbsttherapie armer Poeten (siehe auch „Honorar“!), die sich keinen Psychoanalytiker leisten können.
2. Blei des Buchhandels. Kann manchem genauso teuer kommen wie ein Laster.

M

Mahnverfahren

Neuzeitliches Lotteriespiel, das die Mindestteilnehmerzahl von zwei Personen zuläßt. Eine Fernsehübertragung ist deshalb noch nicht zustandegekommen, da bislang keine buchhandelsspezifische Lottofee aufzutreiben war.

Lila goro,
lila aegäischer tza!
Lila versank in den
klippen vor minos
zwischen muscheln
ein strahl.
Und die stimme im nebel
neben der zeit sagte:
Ob Du bis
übermorgen
drei
Werbespots
für den
Supermarkt
texten kannst?

Mailing	Jahrhundertealte Form des Briefeschreibens unter Liebenden. Noch vor einigen Jahrzehnten in die Unpopularität abgesunken, feiert diese Form des Liebeswerbens seit der Erfindung des Valentinstags wieder Hochkonjunktur.
Mängelexemplare	Reine Definitionssache, die inzwischen schon Tonnen von Aktenordnern füllt. Manche Exemplare werden quasi schon mangelhaft geboren.
Marketing	1. In der freien Marktwirtschaft von unseren germanischen Vorfahren übernommenes System der Gerichtsbarkeit: Schuldige Marketender/innen wurden ermittelt und gründlich eliminiert. 2. Definiert sich selbst durch seine größte Erfindung: das Marketing (siehe dort!).
Marktforschung	Wissenschaftliches Ergründen dessen, was die Konkurrenz falsch macht, um es dann erfolgreich zu kopieren.
Mengennachlaß	1. Von den orientalischen Basaren übernommenes System, welches die Mengendefinition schon bei einem Exemplar als erfüllt ansieht und entsprechend flexibel in seiner Preisgestaltung verfahren kann (siehe „Freier Preis“!). 2. Totaler Schwund derselben, seit die Mengen-

Mängelexemplare:
„Eine beneidenswert geschmackvolle Jahresarbeit, Bruder Gordean, und daß Ihr Paulus mit B schreibt . . .“

lehre in die Grundschulerziehung eingeführt wurde.

Modernes Antiquariat

1. Verlegerträume vom Vorjahr, die zum Alptraum von heute geronnen sind.
2. Siehe „Erstauflage"!
3. Siehe „Restauflage"!

N

Nachschlagewerk

1. Automatische Vorrichtung zur ergänzenden Beköstigung besonders Hungriger. Findet zwar schon lange seine Anwendung beim Militär, in Krankenhäusern etc., hat sich aber noch nicht auf Fachtagungen des Buchhandels durchsetzen können.
2. Buch oder Folge von Büchern meist alphabetischer Ordnung zum Aufsuchen zwar veralteter Informationen, die jedoch immer noch als ideale Zweitschlagwaffe (nach verbalem Schlagabtausch) ihre begeisterte Anhängerschaft finden.
3. Buch, mittels dessen Sortimenter Verlegern Schläge versetzen, nachdem letztere die Einnahmen dafür längst versteuert haben (siehe „Remittende"!).
4. Shakespeares Werke („Schlag nach bei Shakespeare", Porter, Kiss me Kate).

Modernes Antiquariat, Verleger-Träume vom Vorjahr

„Sachbuch-Bestseller wird man nicht durch Antworten, sondern durch Fragen, lieber junger Freund."

Nebenmarkt	Einzel-Element der Marx'schen Multi-Markt-Theorie, die er seiner Frau Jenny immer wieder beharrlich vortrug: „War nicht erst gestern Markt? Es gibt zuviele Märkte und zu wenig Bedürfnisse!“
Nebenrechte	1. Rechte (aber auch Pflichten), die der Verleger neben seiner beruflichen Tätigkeit als Mensch schlechthin und als Familienvater im speziellen noch hat. 2. Düstere Seitenpfade der Justiz, die bislang noch von keinem Grundsatzurteil ausgeleuchtet sind. 3. Wird manchmal auch als die herrlichste Nebensache der Welt bezeichnet.
Neuerscheinung	Häufig auch „Neuistscheinung“.
Nichtleser	Gibts kaum noch. Denn obwohl die Leserforschung immer noch behauptet, daß mindestens neun Achtel der mitteleuropäischen Intelligenz dieser menschlichen Kategorie zuzuordnen wäre, haben die Nichtraucher die Nichtleser bereits ins totale Abseits gedrängt.
Non-books	1. Bücher, die nicht bei Suhrkamp erschienen sind. 2. Schulbücher 3. Alternativer Aufkleber der Bewegung „Atomkraft, ja danke“. 4. Graffiti auf Frankfurter U-Bahn

SO DIREKT EIN BUCH HABEN WIR KEINS..
ABER UNSER PUTZEL HAT EINS

O

Offenbarungseid

Spezieller und selten gewährter Eid, durch welchen die Barsortimente ihre Rabattpolitik ihren Verlagskunden gegenüber offenlegen.

Öffentlichkeitsarbeit

1. Arbeit, der öffentlich auf der Straße nachgegangen wird (manche bezeichnen es auch als das „älteste Gewerbe der Welt“).
2. Chef arbeitet selbst im Schaufenster
3. Laut Shakespeare „Much ado about nothing“ (viel Lärm um nichts).

P

Paperbacks

1. Umgangssprachliche Kurzform für Backwaren, die auf fein verzierten Papptellerchen serviert werden.
2. Angelsächsische Variante: Unbetuchte, schlichte Bücher, die in industriellen Paperbackereien angefertigt werden. Inhalt ist meist schnell verderblich.
3. Engl. für Taschentuch.

Papier

Wertvolles Material, das durch Weiterveredlung (siehe „Druck“) wertlos werden kann.

Papier:

„Macht Ihr es Euch heute nicht ein wenig zu einfach mit der Pergamentpapier-Herstellung, Bruder Gordean?“

Pornographie

Periodika	1. Frauenromane mit Schwachstellen, die – speziell in Frankreich – von alten Männern, den sogenannten Pères, verfaßt werden. 2. Manche Sortimenter nehmen sie wahr, manche nicht (nicht zu verwechseln mit den Buchhändlertagen, siehe dort!). 3. Mixgetränke aus Pernod und Wodka. Wurde anläßlich der 73. (?) Buchpremiere von Heinz G. Konsalik (siehe auch „Günther"!) von verzweifelten Teilnehmern erfunden.
Pornographie	1. Aerobic für Lendenlahme 2. Fragen Sie Ihren Buchhändler nach seinem aktuellen Angebot (siehe „Razzia"!)
Portofreiheit	Moderne Version der historischen Forderung: „Geben Sie Gedankenfreiheit, Sire!"
Preisbindung	1. Gebundenes Verzeichnis aller aktuellen deutschen Literaturpreise und Förderauszeichnungen. Wiegt. ca. 1,4 Tonnen. 2. Wenn Ihnen klar ist, welche Bedeutung die Löcher im Schweizer Käse haben, sind Sie einer Definition der Preisbindung schon sehr nahe!
Presseabteilung	In der Stabsabteilung Öffentlichkeitsarbeit (siehe dort!) angesiedelte Kelterei, in der aus Pflaumen Pfirsichsaft gepreßt wird.

Pro-Kopf-Umsatz	Moderne Form der Kopfjägerei. Kann sich bis zur kopflosen Remission (siehe dort!) steigern. Vergl. den Unterschied zur körperlosen Remission (siehe dort!).
Prosa	Abkürzung von pro sanitare (lat.) = für die Sanierung der Verlage.
Prospekte	1. Peepshow für Intellektuelle. 2. Sorgen zweimal im Jahr für österliche Freude im Sortiment: Wo war was versteckt?

Q

Querformat	Aussterbende Verlegergattung. Nun müssen Bücher dafür herhalten.
Quittung	Von Pädagogen heiß umworbener Kassenzettel (siehe „Fachbuch"!)

R

Rabatte	1. Verlegeralmosen 2. Blumenbeet mit leichten Welkerscheinungen. 3. Zierbeet für abgeschlaffte Buchhändler. 4. Seit es die guten, alten Rabattmärkchen und die schönen Heftchen zum Hineinkleben nicht mehr gibt, sind die Rabatte auch nicht mehr das, was sie einmal waren.

Prosa

Rack Jobbing Ein von manchen Buchhändlern mit dem legendären Jack the Ripper in Verbindung gebrachtes ländliches Angebotsverfahren auf der grünen Wiese.

Ramsch Unerklärliches, methaphysisches Phänomen im Verlagsbuchhandel.

Rationalisierung

1. Nach der Devise „small is beautiful" funktionierendes Abzählspiel (ene-mene-mu, raus bist du ...)
2. Übertriebene Inanspruchnahme des Betriebsrates in Verlag und Sortiment.
3. Verfahren zur Stabilisierung der Freizeit; anfallende Arbeit wird dem Geschäftspartner übertragen.
4. Beweis für die Unfähigkeit des Managements, Mißstände vor der Weihnachtsgratifikation zu erkennen.

Raubdrucke

1. Anfänger-Beute aus Galerien und Museen.
2. Moderne Form der Printpiraterie.
3. Genossenschaftliches Handeln, um den Autorenerfolg dem Volk mit eigenem Gewinn zu sozialistischen Einheitseinkommenspreisen zugänglich zu machen.

Razzia Aktuelles, besonders in Bayern auftretendes Phänomen mit Lemming-Charakter: Staatliche Ordnungshüter tauchen gebündelt auf und stürzen

Ramsch:

„Toll, was: alles aus Büchern."

sich (zwar nicht ins Meer, aber) auf alle erdenklichen Druckwerke. Man spricht auch von dem sogenannten Münchner Raritäten-Sammeltick.

Redaktion Erste Vergangenheit von Reduktion.

Regal Nomen est omen: Was reinkommt, ist egal. Hält ansonsten die Buchhandlung zusammen und bewirkt nur gelegentlich bei den Ladenbauern eine Identitätskrise.

Reizpartie Strip-Poker, der um so reizvoller ist, je mehr gute Partien dabei sind.

Remission

1. Ein Vorgang, der die Missionsarbeit hinfällig macht, d.h. die Verbreitung religiöser, aufklärerischer und sonstiger Schriften und Bücher überflüssig werden läßt. VKB und VEB laufen überkonfessionell dagegen Sturm.
2. Auseinandersetzung, die immer remis endet.
3. Vereinigung aller Remy-Martin-Freunde.

Reprint Aufgewärmtes oder Aufgebackenes. Im Gegensatz zu Aachener Printen nicht zum Verzehr geeignet, allerdings manchmal ähnlich hartleibig.

Restauflage

1. Gleich Erstauflage (siehe dort!). Mit diesem simplen Spiel des Buchstabenaustausches reden sich viele immer wieder raus.
2. Auflage (siehe dort!), die einem den Rest gibt.

Regal:
„Lange Zeit habe ich geglaubt, Bücher würden mein Leben verändern."

3. Patina, die antiquarische Bücher als solche ausweist.
4. Neuauflage von Resten verlegerischer Anständigkeit!
5. Letzte Auflagen, die die erotische Literatur ganz verbieten würden.

Roman

1. In Mode gekomener männlicher Vorname romanischer Abstammung.
2. Bis vor kurzem noch gebräuchlicher Terminus für eine bestimmte Prosaform (siehe dort!). Wird jetzt häufiger durch den Ausdruck Rofrau ersetzt (nicht zu verwechseln mit der ähnlich benamten Reihe eines Taschenbuchverlags!).

S

Sachbuch

1. Sacht, was Sache ist.
2. Von Fact-Ingenieuren konstruiertes Vehikel zur Beförderung von Trendsellern.
3. Neudeutsch für Dingbuch.

Sammelrevers

1. Straßensammelerlaubnis für Not leidende Buchhändler.
2. Vereinheitlichte Kleidung für Verbandstagungen.

Sammelverkehr

1. Betriebsausflug.
2. Städtische Service-Einrichtung, die meist 14

Sachbücher:

„Das Sachbuch: „Wie immer – aus jedem Buch zehn Seiten, und ich schreibe noch acht dazu."

Schnelldreher:
„Daß Kunst immer wieder so entsetzlich schön ist."

	Tage nach Taschenbuch (siehe dort!)-Ramschaktionen die Müllabfuhr begleitet.
Sauregurkenzeit	a) Sortiment: Morgens kam keiner und nachmittags wurde es wesentlich ruhiger. b) Verlag: Das Frühjahr war ruhig und im Sommer haben wir uns mit der Lieferung von Schutzumschlägen über Wasser gehalten.
Schaufenster	Selbstprofilierungsversuch des Lagers.
Schaufenster-gestalter	Meist bei der Prämienverleihung leer ausgehender Typ.
Schlagwort-verzeichnis	1. 10bändiges lexikales Werk der Verbalinjurien. 2. Neue Service-Broschüre der Messe- und Ausstellungs GmbH für alle Messebesucher. Verlage, die Messeempfänge veranstalten, können das Heftchen zu Sonderkonditionen en gros beziehen.
Schnelldreher	Passagiere der Deutschen Bundesbahn, die sich noch schnell vor Abfahrt des Zuges eine frische Lektüre sichern wollen und die dafür vorgesehenen Drehständer in Bewegung setzen. Ein Rekord wurde in der Heidelberger Bahnhofsbuchhandlung Schmitt erzielt, als eine gewisse Frau D. aus B. den Ständer mit einem Stoß zu knapp 300 Umdrehungen in der Minute (unter Mitnahme von 10 Büchern) veranlaßte.

Schulbuch:
Aus der modernisierten Schulfibel

Schnellschuß
1. Mit dem Tod von John Wayne ausgestorbene Ausprägung alten, amerikanischen Pioniergeistes.
2. Branchen-Philosophie: Wer zuerst schießt, lebt länger!

Schulbücher
1. Ein Vergleich aus der Landwirtschaft klärt auf: Es gibt viele Kühe, aber nur wenig Stiere.
2. Tranquilizer (siehe auch „Non-Books“!).

Schutzumschlag
1. Besonders schutzbedürftiger Bestandteil des Buches. Deshalb durch Cellophanverpackung, ggf. Schuber und Buchbinder-Einschlag dreifach gesichert. Ersatzanforderungen zwecklos.
2. Von der FSK verordnete Buchbinde zum Schutz von Kindern und Jugendlichen.

Schwellenangst
1. Chronisches Eisenbahner-Syndrom.
2. Lese-Phobie: Angst vor Schwellungen im Kopfbereich (andere Phobien siehe auch „Pornographie“ und „Sex-Roman“).

Selbstverlag
1. Ego-Trip nicht verlegter Autoren.
2. Siehe „Modernes Antiquariat“!

Sex-Roman
1. Fata Morgana für Autoren und Leser, die auf dem Trockenen sitzen.
2. Siehe „Roman“!

Simmel, J. M.

ICH LESE KEINE BESTSELLER!
ICH AUCH NICHT
AUCH NICHT
LESE KEINE BESTSELLER
ICH AUCH NICHT
NEIN
ICH AUCH NICHT
LESE KEINE BESTSELLER
ICH AUCH NICHT
NIE
NIEMALS
KOMMT NICHT IN FRAGE
NIE

Simmel, J.M.	Weitverbreitetes Haustier, wird oft in Rudeln gehalten. Ist pflegeleicht und genügsam im Unterhalt.
Skonto	1. Abrechnungsverfahren, bei dem durch Vordatierung von Schecks ein kleines, aber feines Zubrot erworben werden kann. 2. Laudeamo di Skonto: italienischer Finanzmechaniker, der als Erfinder der Kalkulationsmethode angesehen wird, bei der Verluste durch kundenfreundliche Zahlungsbedingungen vermittels eines überhöhten Grundpreises ausgeglichen werden.
Standing Order	Auftrag, an der Normaluhr mit einem Buch zu warten.
Strichcode	1. Nitribitts Hieroglyphen. 2. Verschlüsseltes Warnsignal ‚Achtung, Bullen' in gewissen Sperrzonen (siehe „Kassenzone"!). 3. Geheimzeichen auf St. Pauli. 4. Taschenbuch-Prostitution zum Festpreis. 5. 6 66 666 6666

T

Taschenbuch	1. Buch in Taschenform; aus Leder, Leinen oder pflegeleichtem Synthetik; mit Schulterriemen

und Druckknopf- und Reißverschluß, in modischen Farben. Unentbehrlich auf Reisen.
2. Untaugliche Bezeichnung für ein ungebundenes Buch, das man in die Tasche stecken kann. Gebundene kleine Bücher können also keine Taschenbücher sein, obschon viele Leser diese Sorte lieber in der Tasche haben. Für diese Bücher wählt man die Bezeichnung Taschenformat. Schön logisch, was? Ein Taschenformat ist kein Taschenbuch! Vorschlag: Wiedereinführung des Beutelbuches! Schlagen Sie bitte in einem Lexikon des MA nach!

Telefon Sein Läuten bietet die beste und geeignetste Gelegenheit für den Sortimenter, ein langes, intensives und deshalb teures Beratungsgespräch abzukürzen.

Termin Bruder des Kalender (siehe dort!), Magier, der seine diabolische Freude daran hat, seine Opfer durch die Zeit zu jagen, bis sie erschöpft zu Boden sinken.

Terminal 1. Datumgeber
2. Start- und Landebahn für Bestellungen

Thriller Literaturgattung, bei der Autor und Verlag mit Spannung auf die ersten Umsatzergebnisse warten.

Thriller:

„Was wir von Ihnen als Autorin erwarten, das ist nun der engagierte Frauen-Kriminal-Roman – es wird schon danach gefragt, gnädige Frau!“

Umsatz:
„Stummel, der Lesemann mit den Auswahlbänden für Oktober ist da.“

Titelschutz	Vorkehrung gegen Benutzung eines falschen Professoren-Titels.
Tomus	1. Lateinische Bezeichnung für „Band" (also „Buch"). 2. Spezialist für alternative Wörterbücher im Hobby-Bereich.

U

Übersetzer	1. Bücherfährmann. 2. Mäßig honorierter Verfremdungskünstler.
Umsatz	1. Ähnlich dem Kaffeesatz für den Wahrsager: Der Umsatz gilt dem Wirtschaftsauguren des 20. Jahrhunderts als Kriterium für Qualität. 2. Berühmt gewordener Satz des chinesischen Verkehrsministers Um-Lei-Tung, der anläßlich der Eröffnung eines neuen Autobahn-Abschnitts treffend formulierte: Von nichts kommt nichts.
Umtausch	Lagerumschlagsbeschleuniger (siehe auch „Remission"!)
Unverbindliche Preisempfehlung	Nicht ernst gemeinter Vorschlag für einen Friedenspreisträger.

Vergriffen:
„Ich kann es Ihnen nicht zeigen: Sämtliche Messe-Exemplare sind uns geklaut worden.“

Unverlangtsendung Willkommene Verkaufs- und Umsatzunterstützung der Verlage, denk- und einkaufsunwilligen Sortimentern problemlose Gewinne zu verschaffen.

Urheberrecht Das Recht, alte Zeiten ans Licht zu bringen.

V

Vergriffen Beliebteste Beschreibung von und Anwendungsort bei Bibliographier-Unlust, manchmal auch schwer zu erklärendes Idiom bei sogenannten guten Büchern!

Verkaufsförderung Siehe „Remission"!

Verkehrsnummer

1. Numerierung der Bundesstraßen.
2. Nummern, die Wartenden im Freudenhaus zugeteilt werden.
3. Siehe auch „Pornographie"!
4. (Pleonasmus) „Verkehr miteinander haben" oder „eine Nummer schieben" sind verschiedene Bezeichnungen für denselben Vorgang. Im buchhändlerischen Alltag ist die Verkehrsnummer unbedingt notwendig; daß so viele Buchhändler sich um eine Verkehrsnummer

bemühen, zeigt nur, wie sehr unser Berufsstand allem Schönen aufgeschlossen ist.

Verkehrsordnung Siehe „Strichcode“!

Verlag Kleinster gemeinsamer Nenner von Buchverlag und Bierverlag.

Verlagsauslieferung Ein Unternehmen, dem die Verlage auf Gedeih und Verderb ausgeliefert sind.

Verlagskaufmann Siehe „Fleissner“!

Verlagsleiter In vielen Verlagen vorzufindendes Tretgestell.

Verlagsvertreter

Negatives Idiom: BGD = Buchhandelsgerüchtedienst

Positives Idiom: Vermittler und Verkäufer zwischen Verlag und Sortiment, um die Nova auf den Markt zu bringen.

Zukunftsidiom: Überflüssig, da überproportionale Erfolgsquoten bis zu fünf Exemplaren nur noch beim Kleinstsortiment durch Kontakte abzusetzen sind und die Großsortimente nur betriebswirtschaftlich richtige 1 bis 2 Exemplare ordern und die not-

Verkehrsordnung:

„Verzeihung, gnädige Frau, aber das hält man einfach nicht aus – den ganzen Tag immer nur Kunststoff."

	leidenden Grossisten mit aufgelaufenen 50 Exemplaren unterstützen.
Verleger	1. Ein Mann (oder eine Frau), der (die) seine (geheimen) Notizen verlegt und trotzdem wieder findet. 2. Guru etablierter und künftiger Autoren.
Vertreter	(Eigentlich Verdrehter.) Verdreht die Augen, wenn er in einer Buchhandlung keinen Auftrag bekommt.
Vertreterbörsen	Ansammlung bestell- und vor allem verkaufszahlenkundiger Verlagsdienstexperten, die Mengen und Zahlen besser als die Sortimenter kennen, somit der Buchhandlung wichtige Entscheidungen erleichtern und die gedankliche Einkaufsplanung nicht über Gebühr belasten.
Video	1. Bruder der Videa (siehe auch „audiovisuelle Medien"!) 2. Porno gegen Thomas Mann, Geld gegen Geist, eine auf Return on Invest gleich Null gebaute Schnellprofilierungspsychosenerscheinung der großen deutschen Sortimentsbuchhandlungen.
Vitrine	Akkurat angeordnete, uni- und gleichförmig gestaltete Sichtauslage bedruckter Rechtecke.

Video:

„Nein, die Video-Bibel haben wir noch nicht, aber Bruder Ortlieb und Bruder Gotthold lesen uns schon immer mal was in Stereo vor.“

Vorzugsausgabe:
„Gib mir doch solange mal unser Buch, Röslein."

Vorschau	Verlegerorakel.
Vorzugsausgabe	1. Privatentnahme. 2. Im Sortiment oft ignorierte teure, kostenintensive, schön gebundene, selten anzutreffende Buchausgabe, die den Liebhaber erfreut und dem Sortiment problemlose Gewinne bringt.
VVA	1. Abkürzung für: **V**erleger **V**erlor **A**lles. 2. **V**erkehrte **V**erlags-**A**uslieferung 3. Abk. für **V**ielseitige **V**erkehrt-**A**uslieferung 4. Durch optische Darstellung der Lieferungen und Remissionen leicht zu erkennender Auslieferungsgigant aus dem letzten Ort des letzten Cowboys. Schwarze Faktur = Richtige Lieferung Grüne Faktur = Richtige Lieferung falscher oder nicht bestellter Titel, für die man jetzt die Gutschrift erhält.

W

Waschzettel	1. Kein weiterer Versuch des Buchhandels, Unmögliches möglich zu machen, also bedrucktes Papier zu waschen, sondern viel eher das Bemü-

hen, sich mit diesem Zettel, den man vorwiegend der Presse verteilt und Rezensionsexemplaren beilegt, von Schuld und Strafe reinzuwaschen, daß man das Buch herausgegeben hat, indem man mitteilt, daß ohne dieses Buch die Welt nicht mehr leben könne.
2. Werbetext, der sich gewaschen hat. Wohl auch darauf zurückzuführen, daß Stil und Aussage zum Ausruf „sauber, sauber" animieren.

Weihnachtsgeschäft Gefährliche Zwangsneurose, die alle Jahre wieder Käufer wie Verkäufer gleichermaßen befällt. Wissenschaftler vermuten dahinter einen sozialethikdeterminierten Bazillus, gegen den derzeit noch kein Gegenmittel vorhanden ist.

Werbung Sektiererische Vereinigung, die das Heil der Menschheit im Umsatz (siehe dort!) sieht.

Z

Zahlungsverkehr
1. Siehe „Strichcode"!
2. Verkehr (siehe „Verkehrsnummer"!) gegen Entgelt; wird in Fachkreisen unterschiedlich beurteilt.

Zensur Literarisch neuer Volkssport à la Bradbury'scher Feuerwehr nach DIN-ZCU (ZimmermannChrist